ESSAI

SUR LA

LIBERTÉ POLITIQUE

EN FRANCE

PAR

FERNAND MARTIN

ANCIEN CHEF DE CABINET DE PRÉFET
AVOUÉ LICENCIÉ
A LA COUR D'APPEL DE BOURGES

PARIS
CHEVALIER-MARESCQ ET Cie
ÉDITEURS
20, Rue Soufflot, 20

1889

ESSAI

SUR LA

LIBERTÉ POLITIQUE

EN FRANCE

PAR

FERNAND MARTIN

ANCIEN CHEF DE CABINET DE PRÉFET
AVOUÉ LICENCIÉ
A LA COUR D'APPEL DE BOURGES

PARIS
CHEVALIER-MARESCQ ET Cie
ÉDITEURS
20, Rue Soufflot, 20

1889

AVANT-PROPOS

La Liberté, depuis 1789, a passé comme un souffle violent sur la France, mais elle semble n'y avoir laissé que des ruines comme témoins de son passage.

Elle a beaucoup détruit et peu fondé. Elle a agité les esprits et n'a pas encore pénétré au fond des cœurs.

Sous la parole vibrante de ses apôtres, les Mirabeau, les Vergniaud, les Danton, les La Fayette, les Armand Carrel, les Marrast, les Foy, les Lamartine, les Hugo, les Benjamin Constant et maintes autres illustrations de notre tribune nationale et de la presse politique, les foules se sont un moment levées frémissantes pour retomber bientôt dans l'inertie et le découragement.

Le Temple, un instant ouvert et envahi par les fidèles croyants, a été délaissé; l'herbe de l'oubli a envahi ses portiques.

Reverrons-nous ces brillantes aurores si rapidement suivies de profondes ténèbres? Reprendrons-nous ces sentiers joyeux aujourd'hui encombrés de ronces et d'épines? Célèbrerons-nous un jour la grande fête de la Réconciliation nationale sous l'invocation de la Liberté?

C'est le secret de l'avenir.

Je ne me suis pas leurré, en écrivant ces quelques lignes, de l'orgueilleux espoir d'avancer, ne fût-ce que d'une seconde, l'heure que Dieu a marquée, dans ses desseins impénétrables, pour le triomphe de la Justice et la réalisation du rêve caressé par les plus grands esprits du siècle. D'autres, plus autorisés que moi, poursuivent ce grand œuvre de la pacification des esprits dans le culte de la Liberté. En suivant humblement leurs traces, je n'ai voulu que porter témoignage de mon ardent désir de voir leurs efforts bientôt récompensés et notre aimée Patrie reprendre, par l'union de tous ses enfants, la marche de ses glorieuses destinées que l'histoire enregistrera un jour dans son livre d'or sous ce titre : *Gesta Francorum per Libertatem !*

Bourges, le 25 Octobre 1889.

F. M.

ESSAI

SUR

LA LIBERTÉ POLITIQUE

EN FRANCE

> La Liberté est le but qui ne doit jamais être sacrifié et auquel tout doit être subordonné..... Elle est en tout temps la base d'une société durable.
>
> ERNEST RENAN.
>
> (*Questions contemporaines.*)

Il n'est point de pays au monde, même parmi les plus libres, où l'on parle plus fréquemment qu'en France de la *Liberté* !

On l'invoque à tout propos et le plus souvent hors de propos ; c'est la sauce obligatoire (qu'on me pardonne cette expression vulgaire) à laquelle on accommode toutes les discussions, toutes les mesures, même les plus évidemment antilibérales.

Cela vient de ce que chez nous la *Liberté* est une obsession maladive, mais rien de plus.

De ce principe qui devrait être la base de la réconciliation des esprits, les partis font une arme de combat, un argument de discorde.

Aussi bien pour être mis en pratique demande-t-il à être compris ; or, pas un esprit sérieux n'osera affirmer que le Peuple français comprend la Liberté et, par conséquent, peut en user dans la sage mesure qui convient à notre organisation sociale.

La Liberté n'a jamais été autrement définie chez nous par les Gouvernements qui s'en sont le plus réclamés que de cette façon :

Le droit pour le parti le plus fort d'imposer aux autres sa volonté, ses ordres ou ses caprices.

Cette maxime, dont l'exécution se manifeste quotidiennement, est la négation même de la Liberté.

Celle-ci, en effet, se compose de deux éléments indispensables l'un à l'autre et dont l'équilibre doit produire la plus grande somme de tranquillité intérieure et de sécurité sociale; ces deux éléments sont : le *Droit* et le *Devoir*.

Le Droit, qui est un principe actif; le Devoir, qui est un principe passif.

De leur combinaison logique ressort la seule définition exacte qui puisse être donnée de la Liberté et qui est celle-ci :

« C'est le Droit pour chaque citoyen d'accomplir » sans entrave tous les Devoirs sociaux et politiques » qui découlent de la morale publique, de la cons- » cience et des lois. »

Quand un Gouvernement se dit libéral et a la ferme intention de l'être, il doit donc, en vertu de cette définition, ne promulguer que des lois justes et sages, de façon à ce que leur exécution ne fasse obstacle à aucun principe supérieur de morale et que les Devoirs imposés à un citoyen par ces lois ne fassent échec à aucun Droit primordial inscrit dans la conscience de tout homme raisonnable.

Au surplus, il est indéniable que toute affirmation ou reconnaissance d'un Droit a pour corollaire un Devoir résultant de l'exercice de ce Droit.

C'est pourquoi la mise en pratique de la Liberté a pour effet d'actionner en même temps et des Droits et des Devoirs qui doivent être les uns respectés et les autres accomplis simultanément, pour que cette Liberté subsiste réellement.

Il est bien entendu que je ne veux parler ici que de la Liberté politique qui est l'essence de tout Gouvernement démocratique et n'ai pas le moins du monde en vue la Liberté civile acquise d'une façon définitive aux sociétés modernes et qu'aucun Gouvernement, même le plus despotique, ne songerait à contester ; avec cette restriction cependant que lorsque la Liberté civile confine à la Liberté politique, ce que je dis de l'une s'applique à l'autre.

L'insuffisante compréhension de la Liberté politique en France vient de ce que tous les Gouvernements qui se sont succédé depuis un siècle se sont présentés au Peuple comme les seuls capables de lui donner cette Liberté, et se sont efforcés de démontrer que le régime précédent avait succombé pour avoir attenté à ce grand principe du Droit politique moderne.

Ces affirmations successives et forcément troublantes ont eu pour effet de jeter le désarroi dans les masses, de rendre incompréhensibles pour elles l'idée première et la notion fondamentale de cette émancipation promise par tous les partis victorieux et généralement point accordée.

Elles ont eu aussi un résultat encore plus regrettable : celui de faire croire aux agents et partisans du régime nouveau que de la Liberté promise eux seuls pouvaient et devaient bénéficier au détriment des citoyens hostiles au nouvel ordre de choses.

C'est ainsi que nous sommes arrivés à imaginer, à faire fonctionner une Liberté particulière, étroite, égoïste, spéciale, dont l'exagération, au profit de quelques-uns, dégénère en licence et qui opprime, par l'oubli des Devoirs qu'elle devrait entraîner avec elle, toute une classe de citoyens coupables seulement de ne pas l'entendre de la même manière.

Depuis dix années même, ce particularisme a atteint un développement extraordinaire.

Ce ne sont plus même les grands partis qui se disputent l'honneur exclusif de posséder le *Palladium*, mais encore les groupes politiques, les sectes, les coteries, les clubs, de sorte que, de cette divinité une et indivisible, nous n'apercevons plus que des débris et des lambeaux transformés en projectiles de guerre qu'on se lance réciproquement au visage, tout en faisant appel à la Paix, à la Concorde et à la Réconciliation !

Douloureux spectacle d'une nation qui se fait un jouet des choses les plus saintes et piétine avec joie sur l'auguste tabernacle qui renferme la sauvegarde de ses destinées !

Je relisais ces jours-ci le livre si remarquable et trop oublié de Prévost-Paradol : *La France Nouvelle*, et lorsque je parcourais les pages qu'il a consacrées dans ce volume à la définition du Gouvernement démocratique, aux conditions de son existence, aux dangers qui le peuvent menacer, le tableau attristant de notre situation présente m'apparaissait encore plus saisissant.

Cet esprit si ferme, si précis, si clairvoyant, avait deviné la pente sur laquelle nous glissons avec une vitesse sans cesse accélérée et prévu le terme de cette course folle : le Despotisme démocratique, remède violent, dangereux mais inévitable d'une Démocratie que le mauvais usage de la Liberté conduit à l'anarchie.

Cependant il y a une chose qu'il n'avait pas prévue : c'est la singulière résistance d'un Gouvernement parlementaire républicain, dédaignant les maximes inhérentes à son essence et ne voulant voir de salut que dans l'emploi des moyens administratifs légués par les régimes personnels ! Ne faisant point appel à l'opinion publique, aux idées modérées et sages dont il devrait être le gardien et le défenseur, mais bien aux ressources les plus brutales de la centralisation, par la transformation des fonctionnaires de tous ordres en autant d'agents électoraux et ce sous peine de révocation et de destitution !

Certainement l'illustre académicien, en critiquant dans le despotisme démocratique le régime impérial, ne pouvait supposer que, vingt ans plus tard, la République et, qui plus est, la République parlementaire son régime préféré, dépasserait le césarisme dans le système de compression du suffrage universel et traiterait les minorités non pas seulement comme des vaincus, mais des ennemis implacables n'ayant droit à aucun ménagement ; non pas comme une fraction de la nation uniquement séparée du reste par des dissidences, mais comme une secte hérétique digne de tous les châtiments.

Comme nous sommes loin de son libéralisme éclairé, à la recherche du meilleur mode de représentation des minorités !

Oui, voilà bien le grand obstacle au développement de la Liberté : l'incohérence de nos institutions qui conserve, à côté d'une Constitution parlementaire, un système administratif qui est l'émanation la plus absolue du Gouvernement personnel.

D'une part, le régime républicain semble inviter les citoyens à l'émancipation politique, à la discussion des questions d'État, à l'étude des transformations dont les institutions sont susceptibles : C'est la Liberté.

D'autre part, et par une action simultanée, les représentants de l'Exécutif déclarent illégales ces agitations, subversifs ces conflits naturels dans une Démocratie en travail d'élections, et sévissent avec une vigueur et une rudesse qui nous ramènent brusquement trente ans en arrière, à une époque où du moins le Gouvernement avait pour excuse la rigidité du Pacte constitutionnel et l'exécution du mandat supérieur et illimité confié par le Peuple lui-même à son chef couronné !

Ces faits suffisent à prouver : 1° que nous avons sur la Liberté et sur le Régime républicain lui-même des notions absolument insuffisantes ;

2° Que le développement de ces notions et le complément indispensable de notre éducation politique sont impossibles sous l'influence du régime administratif encore en vigueur de nos jours.

Examinons donc rapidement ce que doit être le régime Républicain fondé sur le principe de la Liberté, et les modifications indispensables que doit subir notre organisation politique et administrative pour que la Liberté sorte du domaine de l'idée et de la théorie pour entrer dans celui des actes et des faits.

Je dis que nous avons sur la Liberté et la République des notions absolument insuffisantes; j'ajouterai *erronées*.

En effet, qu'est-ce que la République?

La République est un état social et politique dans lequel le Peuple doit avoir une part directe au gouvernement; dont les actes doivent être inspirés par la volonté ferme de donner au Peuple, sous forme de lois, les satisfactions légitimes et raisonnables qu'il réclame par la voix de ses mandataires et d'accomplir toutes les réformes dont il demande la réalisation quand ces réformes sont compatibles avec l'intérêt social et le maintien de l'ordre public.

La première conséquence de cette définition, c'est qu'il n'y a pas de Gouvernement démocratique possible sans la Justice; que la Justice est le seul fondement solide d'une société démocratique, puisqu'elle seule peut assurer la Liberté, l'Égalité et la Fraternité des citoyens.

Sans la Justice, cette trilogie que l'on voit gravée sur le fronton de tous nos monuments est une formule vaine et presque dangereuse, puisqu'elle apparaît sans cesse comme un idéal irréalisable qui ne fait que raviver le souvenir de nos déceptions.

Comme l'a dit excellemment Prévost-Paradol, dont l'ouvrage me sert de guide dans cette étude sommaire, « les sociétés ne débutent point par l'état démocra-

» tique.... L'état aristocratique est le commencement » naturel de ces sociétés. »

C'est la civilisation qui atténue peu à peu l'inégalité naturelle qui existe entre les hommes ; c'est elle qui, en groupant peu à peu les individus, arrive, au moyen de ces agglomérations, à combattre, à restreindre et enfin à détruire la prédominance des individus que leur situation physique et sociale avait placés en petit nombre à la tête de l'Etat.

Toutefois, dans ce travail d'égalisation il se produit des faits qui vont à l'encontre du but poursuivi. Comme ce travail se fait dans les masses populaires, qui prises dans leur ensemble sont plutôt sentimentales que raisonnantes, nous voyons, à chaque secousse du Peuple pour arriver à l'égalité civile et politique, des hommes des *unités* émerger de la foule, la diriger, et au moyen de leur intelligence personnelle utiliser cette force qui resterait inerte par sa dispersion.

Ces hommes, pour arriver à leur but, s'appuient sur les intérêts et les passions populaires, et si par malheur l'ambition les pousse à personnifier en eux-mêmes les revendications dont ils se sont faits les apôtres, ils deviennent des despotes qui, après avoir créé une égalité factice, la dominent et installent une autocratie démocratique qui n'est certainement pas la fin désirable pour une société véritablement démocratique.

Ainsi, le premier danger de l'Égalité politique est d'aboutir, parfois, au despotisme unipersonnel, par cette raison que, tout citoyen pouvant aspirer aux plus hautes fonctions, il suffit d'une intelligence au-dessus de l'ordinaire, d'une ambition plus désordonnée pour amener celui qui en est doué à absorber en lui la puissance de toute la masse et par conséquent à la diriger sans autre frein qu'une responsabilité dont le favori du Peuple n'a pas toujours le sentiment bien exact.

C'est dans le despotisme démocratique que s'est effondrée la République romaine : despotisme qui eut, sous les premiers Césars et les Antonins, ses années de gloire et de prospérité, mais qui engendra de terribles maux par l'indignité de ceux que la main du Peuple ou le glaive des soldats avait élevés à l'Empire.

Cependant, il y a un despotisme plus redoutable et plus cruel que celui d'un homme porté par les masses à la toute-puissance; c'est le despotisme dont la troisième République nous a malheureusement donné le triste spectacle : le despotisme collectif soit des Assemblées, soit des associations politiques, soit des coteries parlementaires.

Ce fut le même qui énerva la grande Révolution et à qui l'on dut les plus sombres jours de la Terreur, le trouble social qui régna sous le Directoire. Il était exercé par le club des Jacobins, puissance énorme répandue sur tout le territoire de la République, mais anonyme.

La caractéristique du despotisme collectif, c'est en effet l'anonymat et partant l'absence de responsabilité directe, qui est au moins la pierre d'achoppement de l'autocratie.

De nos jours, il ne s'exerce plus d'une manière aussi révolutionnaire qu'en 1793, mais ses effets pour être non sanglants n'en sont pas moins pernicieux.

C'est toujours au nom de la Liberté qu'on le pratique, mais d'une Liberté, ou plutôt de *Libertés* qui ne profitent qu'aux tenanciers et aux clients du groupe politique qui détient le pouvoir.

Il affecte la forme d'une oligarchie qui tendrait, si elle se continuait trop longtemps, à altérer même le caractère démocratique de notre société, en créant une classe de privilégiés, une sorte de noblesse plébéienne très dangereuse, parce qu'elle n'aurait, par ses origines et sa mission, aucune des qualités qui palliaient les graves inconvénients de l'aristocratie de l'ancien régime.

Ce despotisme est inhérent : 1° A la mauvaise qualité des mandataires élus ; 2° au mauvais usage qu'il est trop facile de faire d'une organisation administrative en contradiction formelle avec la formule gouvernementale.

1° *La mauvaise qualité des élus.* — La Constitution qui nous régit étant essentiellement parlementaire, c'est-à-dire munie d'un double mécanisme, l'un d'action — la Chambre — l'autre de contrôle et de pondération — le Sénat — il était indispensable, pour arriver à de bons résultats, de laisser une certaine latitude au mouvement oscillatoire des opinions et de ne le point trop comprimer et le restreindre par l'action immodérée du Pouvoir exécutif, très atténuée dans son chef suprême, mais très vivace dans les ramifications inférieures.

Cela n'a point été fait.

A l'origine, le mouvement a été accentué à droite, combattu et enrayé à gauche. De là le premier choc : l'aventure malheureuse du 16 Mai.

En 1878, l'orientation se modifie, l'axe du pendule est au centre, mais l'attraction se produit et se développe du côté gauche par une progression ascendante jusqu'en 1881, qui est le point culminant de l'influence républicaine.

En 1882, la disparition du chef mécanicien, Gambetta, livre la machine à des ouvriers moins épris de la puissance des masses et beaucoup plus particularistes. Nul d'entr'eux ne possédant la popularité de Gambetta, chacun s'efforce de trouver une formule qui la lui puisse faire acquérir.

Or, il est fort rare que dans de pareilles conditions la faveur publique soit conquise au bénéfice de la Liberté générale. Le désir immodéré qui s'empare de quelques ambitieux d'arriver les premiers au terme de cette course les oblige à sacrifier l'intérêt public à des satisfactions d'une moralité douteuse promises aux masses les plus souffrantes et aussi les plus aigries et les plus insatiables.

C'est dans ce fait indéniable qu'il faut trouver l'explication du mouvement politique, dit progressiste, dont l'origine remonte à la mort de Gambetta.

Les flatteries prodiguées aux passions populaires, le développement de certains mauvais instincts qui sommeillent dans le cœur humain, certaines proies désignées à la cupidité des non possédants ou aux rancunes des sectes, tout cela n'a été mis en œuvre par différents hommes politiques que pour s'élever au-dessus de tous, dominer la situation, sauf, après le but atteint, à renverser la vapeur et à sévir contre les excès qu'ils avaient suscités.

Il est bien évident que la Liberté n'a rien à voir dans de semblables agissements et qu'elle ne peut sortir que meurtrie et très endommagée de pareilles luttes.

Grâce à ces procédés, l'opposition, au lieu d'être parlementaire, gouvernementale (je dirais dynastique si ce terme pouvait s'approprier à un régime républicain), devient systématique, intolérante, irréconciliable ; elle est disposée à rejeter les bonnes mesures comme les mauvaises; elle n'a qu'un but, celui de contrecarrer le Gouvernement, dût même le pays souffrir de sa résistance délibérée.

Mais, aussi bien, elle recueille sur son passage tous les mécontentements, elle centralise les critiques; et comme par suite de ce combat ininterrompu les coups se succèdent plus terribles et plus impitoyables; que, de plus, le parti au pouvoir accumule les responsabilités, il arrive un moment où les forces des belligérants s'égalisent et s'équilibrent au point de mettre en péril la vitalité de l'Etat annihilé par l'effort en sens inverse de deux puissances équivalentes.

Je me demande vraiment si nous ne sommes pas arrivés à ce *point mort* qu'en mécanique on considère comme le maximum de la résistance !

Mais c'est heureusement le propre de toute société humaine de ne point rester stagnante, soit pour le bien, soit pour le mal ; c'est pourquoi des mouvements nouveaux vont se produire dont la qualité dépendra de la qualité même de ceux à qui incombe la mission de les engendrer et de les diriger.

Quoi qu'il en soit, il n'est pas téméraire d'affirmer que nous fussions arrivés plus rapidement à un régime réellement libéral si les majorités, depuis dix ans et plus, eussent eu plus de respect et d'égards pour les minorités, cherchant moins à les écraser par le nombre qu'à les combattre loyalement par les idées, sauf à prendre et à utiliser pour le bien public les maximes, les systèmes, les idées dont se prévalaient ces minorités pour conquérir la faveur du Peuple.

La question religieuse, celle de l'enseignement primaire et secondaire n'ont dégénéré en querelles et en disputes violentes qu'à cause de l'antagonisme militant des deux fractions de nos Assemblées législatives.

Peut-on dire que ces disputes aient profité à la Nation? Non, assurément; car elles ont abouti, quoi qu'on puisse dire, à des mesures oppressives préjudiciables à la Liberté.

Donc, l'expérience d'un passé récent démontre que l'égoïsme étroit de nos mandataires, leur ambition malsaine, leur préoccupation funeste de flatter des instincts bas et pernicieux ont été pour beaucoup dans le retard apporté au développement du Libéralisme en France.

2° *Mauvais usage d'une organisation administrative qui est en contradiction formelle avec un Gouvernement démocratique.*

Avec un rare bonheur d'expressions, Prévost-Paradol a dit : « *La Révolution française a fondé une société, elle » cherche encore son gouvernement.* »

On ne saurait mieux définir la situation politique de la France cent ans après la proclamation des Droits de l'Homme.

La Révolution a enfanté une société démocratique, mais nous sommes encore à la recherche d'un Gouvernement sincèrement démocratique, adapté aux véritables besoins et aux réelles tendances de cette société. Ce Gouvernement est-il un idéal que nous poursuivrons vainement? Peut-il être une réalité qu'il dépend de notre sagesse de découvrir et de conquérir définitivement ?

J'espère et je crois que la seconde hypothèse doit être admise.

Toutefois, on est en droit de se demander s'il possédera et aimera jamais la Liberté, ce peuple assoiffé d'égalité et qui ne se plaît que dans l'inégalité !

Qui a conservé à l'endroit de l'aristocratie de la naissance une si grande méfiance, une si sive aversion et qui se rue avec rage sur toutes les distinctions honorifiques, qui monte désespérément à l'assaut des places et qui ne rêve que hochets, rubans et autres bagatelles d'un autre temps !

Qui d'un revers de main a jeté bas la Féodalité, aboli le servage et a conservé le culte du Fonctionnarisme ! (1)

Étrange contradiction devant laquelle on reste confondu et dont on cherche vainement le secret.

Le Fonctionnarisme ! Nous touchons ici à la plaie la

(1) Cette manie du fonctionnarisme et cette soif des places n'est pas chose nouvelle au beau pays de France.

Philippe de Commines a signalé ce mal il y a plus de trois siècles et demi ; l'illustre historien dit dans ses Mémoires : « Ils (les Français) n'ont souci de rien, sinon d'offices et états, » que trop bien ils savent faire valoir, cause principale de » mouvoir guerres et rébellions. »

Le vigoureux pamphlétaire Paul-Louis Courrier, rappelant ce passage, y ajoute de sa plume mordante le spectacle que donnait de son temps la foule des solliciteurs dont le nombre depuis n'a fait que s'accroître : « Les choses ont peu » changé, seulement la convoitise des offices et états (curée » autrefois réservée à nobles limiers) est devenue plus âpre » encore, depuis que tous y peuvent prétendre et ne donne » pas peu d'affaires au Gouvernement. Quelque multiplié que » paraisse aujourd'hui le nombre des emplois qui ne se com- » parc plus qu'aux étoiles du ciel et aux sables de la mer, il plus profonde de notre état social, à la pierre d'achoppement de toute tentative d'émancipation sérieuse et efficace.

Je crois qu'on peut affirmer sans crainte d'être démenti que dans tout Français il y a *la moitié d'un aristocrate et la moitié d'un fonctionnaire* : singulière préparation à la Liberté que ce penchant intime à la domination, en vertu duquel chacun de nous possède en germe un petit despote, un petit seigneur qui voudrait avoir ses vassaux et ses sujets.

Je me propose dans une étude spéciale, que j'ai déjà mise sur le chantier, de traiter un peu plus longuement de notre système administratif et d'examiner les réformes dont il est susceptible, au moyen d'une large et rationnelle décentralisation ; par conséquent, je ne m'étendrai pas sur ce point de discussion ; je n'en examinerai succinctement que le côté philosophique et moral.

Le plus grave des obstacles qui s'opposent à la Liberté, c'est assurément la centralisation administrative.

Prévost-Paradol a jugé en ces termes notre organisation intérieure : « Quand les historiens, encore à » naître, voudront citer un des exemples les plus

» n'a pourtant nulle proportion avec celui des demandeurs et » on est loin de pouvoir contenter tout le monde. Suivant un » calcul modéré, il y a maintenant en France, pour chaque » place dix aspirants — en 1889, c'est par centaines qu'il les » faut compter — ce qui, en supposant seulement deux cent » mille emplois, fait un effectif de deux millions de solliciteurs actuellement dans les antichambres, *le chapeau dans* » *la main, se tenant sur leurs membres*, comme dit un poëte. »
(P.-L. Courrier, Lettre II au Rédacteur du *Censeur*.)

» frappants des contradictions dans lesquelles peuvent » glisser ou s'endormir les esprits les plus éclairés, » ils invoqueront le souvenir des institutions admi- » nistratives du Premier Empire, conservées presque » intactes par la Restauration, tolérées par la Monar- » chie de Juillet et laissées debout par l'Assemblée » constituante de la seconde République, en même » temps que ces trois régimes essayaient de fonder et » d'affermir en France la Liberté politique. »

La troisième République a fait comme sa devancière et entretenu soigneusement tout cet arsenal contre lequel ses apôtres et ses fondateurs s'étaient, avant d'être au pouvoir, si énergiquement élevés.

M. Guizot, l'éminent homme d'État de la Monarchie de Juillet, a, lui aussi, mis en relief cette redoutable anomalie dans le passage suivant des *Mémoires pour servir à l'Histoire de mon Temps* : « Là où l'administra- » tion, dit M. Guizot, est libre comme la politique, » quand les affaires locales se traitent et se décident » par des autorités ou des influences locales et n'at- » tendent ni leur impulsion, ni leur solution du pou- » voir central, le régime représentatif — on peut » ajouter : et plus spécialement le régime parlemen- » taire — se concilie sans peine avec un régime » administratif qui n'en dépend que dans de rares et » importantes occasions. Mais quand le pouvoir supé- » rieur est chargé à la fois de gouverner avec la » Liberté et d'administrer avec la centralisation, » quand il a à lutter au sommet pour les grandes » affaires de l'État et en même temps à régler par- » tout sous sa responsabilité presque toutes les » affaires du pays, deux inconvénients graves ne tar- » dent pas à éclater : ou bien le pouvoir central,

» absorbé par le soin des affaires générales et de sa
» propre influence, néglige les affaires locales et les
» laisse tomber dans le désordre et la langueur, ou
» bien il les lie étroitement aux affaires générales, les
» fait servir à ses propres intérêts, *et l'administration*
» *tout entière, depuis le hameau jusqu'au palais, n'est plus*
» *qu'un moyen de gouvernement entre les mains des partis*
» *politiques qui se disputent le pouvoir.* »

Si Guizot, qui fut un parlementaire de premier ordre et un homme d'État d'une valeur exceptionnelle, a pu formuler une semblable critique de nos institutions administratives en l'appliquant à la période dont il écrit l'histoire, quelle impression lui produirait l'exagération de cette anomalie sous un régime qui a la prétention d'être beaucoup plus libéral que ne l'était la Monarchie de Juillet?

A la centralisation des affaires déjà existante et qui a été extrêmement peu atténuée, est venue se joindre une centralisation politique dont nous n'avons jusqu'ici pas connu d'exemple.

Ne voyons-nous pas en effet, comme M. Guizot, l'administration n'être plus qu'un moyen de gouvernement entre les mains des partis politiques? Ne voyons-nous pas, et surtout pendant les périodes électorales, les fonctionnaires enrégimentés comme une armée de combattants sous la bannière ministérielle et prenant part à la lutte avec la même fougue que les candidats eux-mêmes?

C'est même un des spectacles les plus curieux et des plus attristants de notre époque.

Les affaires sont pour ainsi dire suspendues; leur solution dépend le plus souvent, surtout en ce qui concerne les intérêts communaux, du résultat du vote des localités. Donnent-elles la majorité aux candidats de l'opposition? Les tracasseries se multiplient, on ajourne les mesures les plus urgentes et les plus justes, et tels électeurs qui, confiants dans la liberté du suffrage, ont voté suivant leurs convictions, se voient opprimés, malmenés et abandonnés par leur tuteur légal, le préfet, comme si en exprimant leur opinion ils avaient commis une illégalité punissable ou un attentat odieux contre la sûreté de l'État!

Qui plus est, certains représentants du Pouvoir central ne craignent pas de menacer à l'avance de cette excommunication administrative les communes jugées récalcitrantes au mouvement du jour et de formuler clairement ces menaces avant le jour du scrutin.

Dans de pareilles conditions, il est bien inutile de parler de Liberté, d'indépendance et de manifestation spontanée de l'opinion publique.

La nation se trouve par ce fait même divisée en deux camps bien tranchés et séparés par le fossé des faveurs officielles : les uns sont déclarés traîtres à la patrie et les autres sont considérés comme ses uniques soutiens!

Les hommes indépendants sont confondus avec les sectaires et l'on crée la pire centralisation, celle des esprits, qui équivaut à une stagnation complète.

L'usage abusif que nos gouvernants ont fait de notre organisation intérieure a eu pour résultat naturel l'extension des pouvoirs publics.

Du moment que l'État faisait du fonctionnarisme une puissance politique, il devait être amené à multiplier les agents du Pouvoir pour augmenter cette puissance et la mettre en contact direct avec chaque agglomération de citoyens. C'est ce qui est arrivé.

On a imaginé une foule d'emplois dont la nécessité ne se faisait aucunement sentir, et comme la nomination à ces emplois dépendait uniquement, dans la plupart des cas, du zèle *antérieur* manifesté par ceux qui en ont été pourvus, le Pouvoir central a eu du même coup entre les mains des agents prêts à sacrifier leurs devoirs réels à celui très problématique de se faire les porte-paroles du parti ministériel.

Aujourd'hui, la France est littéralement enserrée dans un réseau administratif qui emprisonne toutes les libertés et met chacun de nous dans la dépendance directe de l'Etat. Les mailles de ce filet sont d'autant plus fines et plus étroites que ce sont les salariés subalternes qui ont été multipliés à l'excès, et que à la faveur de leur titre de *fonctionnaire* (le moindre cantonnier se considère comme tel), ils exercent, dans leur milieu, parmi leurs amis, au sein de leur famille enorgueillie de cette parenté avec un représentant de l'État (!) une influence réelle, influence dont leurs supérieurs les excitent à se prévaloir.

Aussi bien cette autocratie nouvelle ne cesse d'augmenter, en descendant dans les classes les plus humbles de la société.

Si ce système de recrutement indéfini continuait pendant vingt ans encore, nous n'aurions rien à envier à la Chine, qui passe pour le pays du monde le plus riche en fonctionnaires !

J'aime à penser que ce ne doit pas être le suprême idéal de la France qui a la prétention de marcher à la tête des pays civilisés, et que nous ne tarderons pas à voir la déchéance de ce mandarinat exagéré et envahissant.

Qui sait même si le développement donné au militarisme administratif n'est pas une des causes pour lesquelles la forme républicaine est encore aussi opiniâtrement discutée qu'au premier jour ? Qui sait si cette pression directe exercée sur le libre arbitre politique de chaque citoyen ne dépose pas dans son cœur un germe de colère, d'indignation qui peut un jour, à l'abri de circonstances favorables, se développer soudain et renverser toute cette puissance fictive et artificielle dans une brusque secousse dont les conséquences ne sauraient être exactement calculées? La servitude à mes yeux n'est qu'une force négative qui ne résiste pas longtemps aux efforts d'un principe actif et créateur tel que celui de l'indépendance.

Dans un pays de suffrage universel, il est dangereux de pousser trop loin la compression ; on peut pour un temps dompter ce suffrage, mais non point le domestiquer à tout jamais. Ses révoltes sont terribles ; il vaut mieux ne pas les provoquer, car elles mettent en question l'équilibre social.

Si j'étais à la tête d'un ministère, je m'effraierais bien moins de la résistance de mes agents que de leur trop grande docilité, car l'obéissance aveugle suppose la disparition de toute énergie morale ; l'homme qui ne sait plus résister est un instrument sur lequel on ne peut pas compter et ne donnera pas longtemps les résultats qu'on était en droit d'attendre de lui.

Après avoir examiné et passé en revue les obstacles principaux qui s'opposent à l'établissement et au développement de la Liberté politique en France, il est logique de rechercher les moyens d'instaurer et de protéger cette Liberté écrite dans nos lois et proscrite de nos usages.

C'est par là que je terminerai cette modeste étude, à laquelle je ne puis malheureusement apporter ni l'appui d'un nom retentissant, ni le concours d'une expérience démontrée.

Pour faire de notre Gouvernement démocratique un Gouvernement libéral, il est de toute nécessité, comme je l'ai dit en commençant, d'introduire dans les esprits le principe, l'idée et la compréhension de la Liberté.

Ce n'est pas une tâche facile et pour qu'elle soit remplie il faut que les Pouvoirs publics d'abord et les classes éclairées travaillent à répandre cette bonne semence, la fassent germer, sauf au moment où elle commencera à produire ses premiers fruits qui sont quelquefois amers, à greffer cet arbre précieux et à utiliser ainsi toute sa sève pour en obtenir les résultats les plus heureux pour tous.

Après mille ans de pouvoir personnel, la France a été brusquement débarrassée de ses liens séculaires; cette transformation lui ayant donné subitement une nouvelle jeunesse, elle s'ést lancée dans ce champ immense comme une cavale indomptée, se livrant à des courses folles, renversant tout sur son passage, s'irritant de la moindre résistance à ses félicités imaginaires et croyant pouvoir par la violence réaliser les utopies les plus invraisemblables.

La licence, les abus, les crimes mêmes ont suivi de près cette expansion; ils ont été tellement révoltants qu'un maître s'est bientôt levé de la foule et, aux applaudissements des masses, a remis la bride sur le cou de cette cavale emportée et l'a réduite à un nouveau servage : à défaut du seigneur et du noble il lui a donné pour gardien le Fonctionnaire.

A différentes reprises le noble animal a mordu le mors et a recommencé sa lutte contre ce Pouvoir qu'il a parfois désarçonné ; mais ces triomphes passagers ont été toujours suivis d'une réduction.

De sorte que le Principe rencontrant toujours à certaines époques la même résistance, a perdu de sa noblesse, de son élévation et s'est singularisé au détriment de son essence ; puis sont venus les hommes qui l'ont mal interprété, qui l'ont transformé en une basse adulation des passions populaires et ont faussé le jugement public en lui persuadant que la Liberté ne devait appartenir qu'aux classes les plus humbles et les plus déshéritées, que toute conquête dans ce domaine devait tourner à leur profit ; qu'enfin toute Démocratie pour être réelle devait affecter les allures de la Démagogie.

Au nom de la Liberté on a dit : Guerre à Dieu, guerre au riche, guerre au bourgeois ; comme si une Société pouvait vivre sans l'idée de la Divinité ; comme si l'Egalité civile devait avoir pour corollaire indispensable l'Egalité des conditions !

Aussi bien ces formules essentiellement subversives, n'ayant pas pour but que le bien de tous, n'étaient qu'une arme entre les mains des partis et la Liberté un apanage dont les flatteurs du Peuple voulaient s'attribuer la propriété et l'usage exclusifs.

La Liberté a succombé au milieu de ce chaos.

Pour la faire renaître, il faut prendre le contre-pied de ce qui a été fait.

Si la plus grande latitude a été donnée jusqu'ici aux prêcheurs de discorde, aux propagateurs des idées fausses, il faut maintenant qu'elle s'étende à ceux qui veulent enseigner les saines doctrines, celles qui sont la base vraie des institutions réellement démocratiques.

En un mot, il faut conquérir la Liberté par la Liberté. Qu'à côté des prédicateurs de plus en plus délaissés du socialisme révolutionnaire, des utopistes, des irrités et des envieux, des chaires s'élèvent d'où tomberont des paroles de réconciliation et de concorde ; que du haut des tribunes où se sont fait entendre des cris de haine et de colère, où se sont développées les théories anarchiques, des voix autorisées examinent librement les grandes questions qui divisent les masses et préparent des solutions compatibles avec la dignité humaine et le respect des citoyens les uns pour les autres.

Que des journaux se créent, non dans le but de favoriser un parti, de réveiller des espérances dynastiques, de préparer en un mot une révolution bonne ou mauvaise, mais dans celui d'instruire le Peuple de ses grands Devoirs, de lui indiquer les voies qui mènent à son émancipation morale et le conduisent sagement et solidement à lá conquête de ce bien suprême : la Liberté !

Et qu'on ne vienne pas m'objecter que la situation actuelle des partis s'oppose à cette croisade du Bien Public ! Les partis ne subsistent que sur cette fiction que chacun d'eux est le seul remède aux maux dont nous souffrons et que, tant que ce parti ne sera pas au pouvoir, il ne faut songer à aucune amélioration, à aucun progrès.

Si, en dehors de ces factions, les hommes de bonne volonté veulent s'unir pour le salut commun, le Pays ne sera plus tenté de se jeter dans les bras des empiriques pour trouver auprès d'eux un soulagement passager.

Les partis mourront faute d'aliments, ils mourront de la sécurité et du bien-être général, de la satisfaction de tous et de la réalisation des promesses dont ils ne cessent d'entretenir les populations.

Ces partis, quelques-uns de très bonne foi, ont écrit sur le fronton de leurs temples : Hors de nous point de salut; vous qui n'êtes point avec nous laissez toute espérance !

Le plus simple serait, pour démentir cette outrecuidante affirmation, de faire de l'Espérance la réalité et de réduire ainsi au silence tous les vendeurs d'orviétan politique.

Quand on est en bonne santé, le médecin est inutile, et ce qu'il y a de plus malheureux, c'est qu'en thérapeutique gouvernementale nous n'avons que des spécialistes qui ne voient que l'infirmité à l'étude de laquelle ils se sont adonnés et sont portés à en reconnaître le germe chez tous les individus. La moindre migraine est pour l'un un symptôme de névrose avancée; pour l'autre le plus petit enrouement est la manifestation d'une phthisie à ses débuts !

Ce n'est pas toutefois que je m'imagine arriver à l'âge d'or, à la Fraternité absolue, à l'*habitare fratres in unum* du psaume. Certes non.

La perfection n'est point de ce monde heureusement, car étant donné la nature humaine telle qu'elle est, la félicité suprême engendrerait une monotonie capable de paralyser toutes nos facultés intellectuelles.

Je suis bien de l'avis de M. Renan (1) quand il dit : « L'institution d'un pouvoir investi du droit de mettre » tout le monde d'accord, d'écarter, comme l'on dit, » les causes de division entre les citoyens, semble au » premier coup d'œil un précieux bienfait. Elle n'a » qu'un défaut, c'est qu'au bout de cinquante ans elle » aura cent fois plus exténué la nation que ne l'aurait » fait une série de guerres civiles et religieuses. »

Ce qui ne veut pas dire, bien entendu, que l'état de guerre civile ou religieuse soit le meilleur, mais que ces temps troublés « rendent au moins le peuple plus sérieux et plus énergique ».

Au surplus, l'homme est fait pour la lutte; la constitution des sociétés a pour premier motif le besoin de se réunir pour soutenir cette lutte avec plus d'avantages. L'état de paix, on peut l'affirmer par l'expérience de tous les siècles, n'est pas l'état normal, quoique le plus désirable, de l'humanité.

La nature elle-même nous donne quotiennement le spectacle de conflits de forces perpétuels sans que son harmonie générale et admirable en soit troublée.

Toutefois, pour le bien des nations, il faut que ces luttes ne soient pas excessives : il faut qu'une bonne organisation gouvernementale les réduise à n'être qu'un stimulant et non point un dissolvant. Ce n'est que par la Liberté qu'on peut résoudre ce problème.

Plus on multipliera les foyers partiels par où peut se faire jour la Liberté, plus on diminuera les craintes d'explosions pouvant provenir de sa force d'expansion que centuple la résistance.

A l'heure actuelle, cette résistance vient, comme je

(1) E. Renan, *Questions contemporaines.*

l'ai dit déjà, de nos institutions administratives qui sont essentiellement antilibérales.

Je suis donc amené tout naturellement à examiner à grands traits, puisque je me propose de le faire plus explicitement dans un autre travail, les grandes réformes normales à introduire dans notre système administratif si l'on veut sérieusement développer en France le sentiment et la pratique de la Liberté.

Prévost-Paradol, dans son ouvrage déjà cité, *La France Nouvelle*, a esquissé les grandes lignes d'un nouvel édifice qui ne manquerait ni d'harmonie, ni de solidité, mais qui cependant n'est pas à l'abri des critiques dont la plus sérieuse est qu'il suppose une trop grande somme de sagesse, de bon sens, d'éducation politique et civique déjà acquise : Cela fait l'effet d'un jouet trop perfectionné et que l'on craindrait de mettre aux mains d'un enfant turbulent et brusque, surtout en ce qui concerne l'organisation des jurys et le système électif de la magistrature.

Quoi qu'il en soit, il y a dans cette étude d'excellentes choses auxquelles nos législateurs constituants de 1875 ont beaucoup emprunté pour l'organisation des pouvoirs publics, mais qu'ils ont mises de côté quant il s'est agi de toucher à ce tabernacle sacro-saint de l'administration, véritable boîte de Pandore où l'espérance n'est même pas restée.

La base de toutes les réformes c'est la *décentralisation* ; mais une décentralisation sérieuse, réelle, c'est-à-dire morale autant que matérielle; *morale*, en ce qu'elle doit agir sur les esprits et faire pénétrer en eux la notion du *Self-Government* (du Gouvernement de soi-même); *matérielle*, en ce qu'elle doit briser tous les anciens cadres et réédifier une organisation absolument nouvelle, dont la simplicité, la logique et la précision ne seraient pas les moindres mérites. Retrancher et faire disparaître tous les fils inutiles et encombrants qui surchargent la trame et ne donnent aucune solidité au tissu.

A mon sens, cette décentralisation pour être effective doit prendre son point d'appui dans la séparation des Pouvoirs, séparation qui en dégageant l'exécutif des mille entraves que l'intrusion et l'influence continues des Assemblées ont mises à son fonctionnement, enlèvera en même temps au Pouvoir délibératif les préoccupations qui l'obsèdent quand il s'agit de faire concorder telle proposition ou telle décision avec les lois et les usages administratifs existants.

Je n'hésite donc pas à préconiser le système américain qui a donné aux Etats-Unis plus d'un siècle de Liberté et qui par conséquent a fonctionné assez longtemps pour que tous ses avantages et ses inconvénients soient bien connus et puissent les uns être recueillis et les autres évités facilement au moyen de quelques modifications.

C'est surtout au bas de l'échelle administrative et gouvernementale qu'apparaît monstrueuse cette confusion des pouvoirs inévitable sous un parlementarisme mal compris ou plutôt encore soumis aux règles posées par le pouvoir personnel : je veux parler de l'organisation communale dans laquelle nous voyons d'abord un maire *élu*, considéré par le Pouvoir central comme l'un de ses agents directs, et une assemblée dont les décisions sont pour la plupart soumises, pour porter leur effet, à l'homologation du représentant départemental de l'Exécutif.

Et je ne suis pas le seul à m'élever contre cette tutelle ignominieuse qui pèse sur les communes traitées, non seulement en mineures, mais en interdites !

C'est un spectacle vraiment étrange que celui de cette Nation dont les Assemblées parlementaires jouissent de la plénitude de leurs prérogatives, dont les citoyens peuvent choisir librement leurs mandataires pour la gestion de leurs affaires nationales ; tandis que les affaires communales, c'est-à-dire celles qui intéressent la vie quotidienne, et par conséquent les plus intéressantes sinon les plus importantes au point de vue politique, restent sous la dépendance absolue de l'autorité administrative !

Ce n'est pas que je sois partisan de l'autonomie communale absolue ; cette autonomie présente des dangers énormes dont le moindre serait de transformer les communes en autant de fiefs indépendants dont les municipalités et les maires deviendraient les redoutables seigneurs ; mais sans aller jusqu'à cette émancipation révolutionnaire, dont l'insurrection de 1871 nous a démontré les redoutables conséquences, il est bien permis de souhaiter, à cette époque d'instruction publique universelle, une augmentation des Libertés communales et la diminution du contrôle et de la tutelle de l'Exécutif sur la gestion des intérêts et la confection des budgets des communes ?

Après tout, je ne vois pas un grand inconvénient à ce que celles-ci gèrent leurs affaires à leurs risques et périls ? Les fautes commises, surtout en matière budgétaire, entraînent des conséquences tellement tangibles qu'on n'est point tenté de les renouveler.

Aussi bien cette indépendance ne supprime pas le droit pour l'agent du Pouvoir central de donner des avis, des conseils, des leçons, dans le sens pédagogique du mot, qui préserveront les assemblées communales d'erreurs préjudiciables.

D'un autre côté, les Conseils municipaux qui n'auront plus à compter avec des autorisations, des homologations qui diminuent leur propre responsabilité, apporteront un soin plus scrupuleux à l'établissement des budgets et hésiteront plus fréquemment à imposer à leurs commettants des charges dont la nécessité ne serait pas absolument démontrée. N'ayant plus entre eux et leurs concitoyens l'écran et le brise-lames administratifs, ces élus de la commune se sentiront plus près de leur juge, le suffrage universel, et éviteront d'en encourir les sévérités.

Enfin les électeurs eux-mêmes se rendant compte des résultats de l'indépendance communale, quant à la gestion de leurs intérêts matériels, seront naturellement portés, pour ne la point compromettre, à ne confier le mandat de les représenter qu'à des hommes d'une honnêteté, d'une moralité et d'une intelligence reconnues. La politique n'aura plus rien à voir dans ces choix et si quelques turbulents se trouvent par ce fait évincés, les honnêtes gens de tous les partis auront la satisfaction de voir à la tête de la commune des citoyens à tous égards recommandables et dignes de la confiance publique. Ce ne serait pas un maigre résultat.

Ainsi, de ce premier pas vers la Liberté le Pays retirerait de précieux avantages et l'étude et la connaissance des affaires communales seraient un acheminement excellent à celles des affaires départementales et nationales. Ce serait là une leçon de choses plus profitable que toutes les discussions, que tous les discours de réunions publiques ou privées, où toutes les questions sont agitées sans être jamais résolues.

Au surplus, l'éducation pratique des Conseils municipaux serait promptement développée par la création de Conseils cantonaux qui remplaceraient avantageusement les Conseils d'arrondissement, assemblées inutiles et condamnées à des *vœux perpétuels*.

Les assemblées cantonales formeraient un groupement normal d'intérêts similaires dont on retirerait un grand profit.

Aussi bien est-il permis de s'étonner que le Canton n'ait dans nos institutions intérieures qu'une situation politique et judiciaire. Pourquoi tarder à en faire une circonscription administrative? C'est une anomalie qui persiste grâce à notre manie de centralisation.

A un degré plus élevé de la hiérarchie *délibérative*, il est désirable d'arriver à la création de Conseils régionaux ayant pour mission d'étudier et de défendre les intérêts communs entre plusieurs départements, intérêts nés de la situation géographique, de l'industrie, des rapports et des échanges commerciaux, des productions agricoles, de la création et de l'entretien des voies de communication, ou de certains établissements d'utilité publique.

Ces Assemblées rendraient d'immenses services, et il suffirait d'une loi prévoyante et sage pour en éviter les abus et pour empêcher des empiètements dangereux sur les attributions du Parlement. La politique en étant exclue, ce seraient des assemblées d'affaires, des écoles supérieures d'administration publique, des pépinières précieuses où grandiraient et où se développeraient, dans une atmosphère de travail, les hommes destinés à faire partie de l'Assemblée nationale.

Au sortir d'une semblable éducation, point de déviation à craindre, de discussions stériles ou bruyantes ; on aurait là un fond de sagesse et de bon sens à l'épreuve des utopies et des théories irréalisables. Mais quand verrons-nous dans nos Conseils le travail triompher de l'agitation? Quand verrons-nous les hommes de Gouvernement préférer l'estime silencieuse de la Nation aux bruyantes manifestations d'une popularité malsaine? Hélas ! ce jour est peut-être encore éloigné : le tourbillon n'est pas encore apaisé.

Cependant on peut juger par ce que je viens de dire des vices de nos institutions administratives et politiques, de la force d'obstruction qu'elles opposent au développement de la Liberté. Le système actuel ne tend qu'à favoriser l'ambition personnelle et par la multiplicité des fonctions dérivées du Pouvoir central à pousser au déclassement des individus, au grand préjudice des forces vitales du pays.

Chacun aspire aujourd'hui à prendre rang dans la phalange innombrable des fonctionnaires ; c'est une poussée irrésistible vers les places : du cantonnier au ministre, le mouvement est aussi violent ; il ne diffère que par le nombre des aspirants (1).

« (1) L'extension des services publics, en plaçant entre les » mains de l'Etat des intérêts chers à tous, a écrit M. Ernest » Renan, a mis la Société entière dans la dépendance du » gouvernement. Sous un tel régime, tous ont besoin de » l'Etat à un certain jour, et celui qui se met en dehors de » l'ordre officiel, est comme un ilote privé de ses droits » naturels.

« On arrive de la sorte à constituer une aristocratie de

Et que de bassesses, que d'intrigues, que de platitudes ! Ce ne sont qu'abdications ou parjures, trahisons, dénonciations, pour arriver à cette position tant convoitée.

Parler de Liberté à cette foule de solliciteurs qui se ruent à la servitude, c'est pure folie.

Tout se ressent de cette soif du Pouvoir, dont nous persistons à voir une émanation dans les plus obscures situations.

Les Fonctions électives elles-mêmes n'échappent pas à cette influence malsaine.

Les Candidats ne font plus appel au discernement des masses, à leurs bons sentiments, au souci de leurs intérêts vrais : tout cela est de second ordre. Ce qu'il importe, c'est de pouvoir s'attirer le concours de l'armée des salariés, de conquérir la faveur du Pouvoir exécutif et pour cela de dresser des programmes en contradiction souvent avec le passé de celui qui les formule. De là des capitulations honteuses ou des abjurations.

Le spectacle, on l'avouera, n'est pas édifiant. Le Gouvernement lui-même n'est pas autorisé à compter d'une façon absolue sur la sincérité et le dévouement

» fonctionnaires, ayant la plupart des inconvénients de l'an-
» cienne noblesse sans offrir les mêmes avantages. »

« La France jusqu'ici a péché par absence de Liberté,
» c'est par la Liberté qu'il faut chercher à la guérir. La
» vraie cause des Révolutions est la notion de l'Etat qui est
» résultée de l'action combinée de Richelieu, de Louis XIV,
» de la République et de l'Empire. On ne sortira de l'ère des
» Révolutions qu'en réformant cette idée ; or, on ne réforme
» l'idée exagérée de l'Etat qu'en la corrigeant par la Liberté. »
(*Questions contemporaines. — Philosophie de l'Histoire contemporaine*, pag. 59 et 60.)

de ceux qui ont demandé son concours dans de pareilles conditions.

Ceux qui ne voient dans une Élection que le succès et non point l'exécution loyale du mandat dont ils demandent ,à être investis ne peuvent apporter à l'État aucune force, car ils ne sont que le jouet de leur propre ambition qui les dirige et les emporte loin du but qu'ils avaient eux-mêmes proposé à leurs commettants.

D'un autre côté, les Candidats dits d'opposition ayant à lutter contre les troupes administratives mises sur le pied de guerre, entament une lutte sans merci et se montrent peu scrupuleux sur le choix des moyens et des armes. A l'optimisme de convention de leurs adversaires, ils opposent un pessimisme qui n'est pas plus sincère. Si les uns voient tout en beau, même les points les plus discutables, les autres mettent tout au pire et rien n'échappe à leurs critiques passionnées.

L'irréconciliabilité naît de ce corps à corps dans lequel la morale publique, l'honneur national, sont mis en jeu à tout propos, et l'irréconciliabilité c'est la perte des Assemblées, c'est l'anéantissement du Pays pris entre les deux pinces de cette tenaille. En outre, la mise en œuvre des passions populaires trouble les esprits et les porte à choisir et à glorifier les plus audacieux.

En l'état actuel de notre éducation politique, le tableau que trace Prévost-Paradol des luttes électorales n'est que trop réel, de même aussi les conséquences qu'il en fait découler n'apparaissent que trop logiques:

« Qu'on suppose deux citoyens, dit cet éminent
» publiciste, l'un sage et honnête, l'autre insensé ou

» pervers, venant briguer le mandat populaire...
» Tandis que celui des deux qui parle le langage de
» la conscience et de la raison n'exagère ni ses pro-
» pres mérites, ni la facilité pratique du bien qu'il
» voudrait accomplir, tandis qu'il n'affirme que ce
» qu'il sait et ne promet que ce qu'il espère ; l'autre,
» qui n'est retenu ni par la raison, ni par la cons-
» cience, prodigue avec emphase les plus magnifiques
» promesses, se fait fort de satisfaire tous les vœux,
» flatte toutes les espérances, ne tient compte ni des
» leçons de l'expérience, ni des lois de la nature, et
» invoque, pour s'en faire un appui, toutes les illu-
» sions innocentes ou coupables que l'ignorance et la
» passion peuvent enfanter chez des esprits simples.
» Il l'emporte donc, et si, plus tard, ayant déçu trop
» grossièrement la confiance populaire, il perd son
» crédit et son mandat, il fait place à quelque autre
» fourbe ou à quelque autre fou, encore plus impu-
» dent ou plus dangereux que lui. »

Et l'éminent publiciste ajoute tristement :

« Le Gouvernement est alors sur le chemin de l'a-
» narchie et le premier signe de sa corruption, *c'est le*
» *dégoût croissant* qu'éprouvent les honnêtes gens à
» se mêler des affaires publiques..... Ils se retirent
» de plus en plus, les uns dans la conduite de leurs
» affaires privées et dans le soin d'augmenter leur
» fortune, les autres dans le plaisir d'élever leurs
» enfants, d'autres encore dans les douces retraites
» de la science et de la philosophie..... »

C'est une vérité de plus en plus démontrée. Ne devrions-nous pas être frappés de l'éloignement voulu d'une foule de capacités, de bonnes volontés dont le concours nous serait cependant si précieux ?

Oui, mais la politique de parti est là menaçante, implacable; l'indépendance n'est plus de mise et pour entrer dans le cénacle il faut non pas avoir donné des gages de son patriotisme, mais seulement des gages de sa soumission !

Et le pays se trouve à une certaine heure divisé en deux camps ennemis dont les armées, toujours prêtes à en venir aux mains, se traquent, s'épient, se harcellent avec un débordement d'injures, de menaces, de calomnies au milieu duquel la Patrie, auguste victime, s'efface, disparaît et sombre !

Quand on considère l'état de notre société démocratique on se demande s'il ne faut pas désespérer d'y voir fleurir jamais et grandir la Liberté ?

Au premier abord on penche pour l'affirmative.

Le mal est si grand qu'aucun remède ne semble capable de le guérir.

Cependant désespérer serait criminel.

Il y a dans toutes ces colères, ces chocs, ces étreintes, dans toute cette ébullition une agitation plus factice que réelle. Le remous violent est à la surface.

Au fond, dans les masses, gisent les sentiments vrais, les instincts réels que les histrions politiques ne sont point parvenus encore à modifier.

Le nombre des *possédants* est tellement grand en France que les doctrines subversives rencontrent fatalement un obstacle infranchissable : le sentiment et l'instinct de la conservation.

Le chiffre des absolus déshérités est très restreint et si l'on en défalquait celui des fainéants volontaires, il se réduirait presqu'à néant, car les ressources naturelles de notre pays sont tellement multiples et diverses que toute activité, toute intelligence, toute force trouve son emploi.

Le seul vrai danger consiste dans un déclassement trop considérable des individus. Cette force d'ascension mal réglée crée des périls : elle déséquilibre un pays et multiplie les non-valeurs et les inutilités.

Il faut bien le dire, ce déclassement a été le premier résultat de la diffusion de l'enseignement.

Beaucoup de cultivateurs, de travailleurs de toute sorte qui n'avaient pas eux-mêmes ressenti les bienfaits de l'instruction, ont été portés à en exagérer les résultats dans leurs enfants.

Eux, illettrés, voyant leurs fils lire, écrire, calculer, avoir quelques rudiments d'histoire et de géographie, ils se sont imaginés qu'ils avaient enfanté des prodiges devant lesquels toutes les carrières étaient ouvertes. Et alors tels qui, en dépit de leurs connaissances élémentaires, auraient dû normalement endosser la blouse ou le bourgeron paternels, ont déserté le champ et l'atelier pour venir dans les villes solliciter quelque emploi obscur dans les bureaux des administrations ; ils ont envahi les études de notaires, d'avoués ; ils ont voulu devenir bourgeois et beaucoup d'entr'eux se sont cassé les reins dans cette course... à la redingote, ou sont venus augmenter la foule des déclassés qui traînent sur le pavé des grandes villes une existence problématique et misérable.

Les bras qui manquent à l'agriculture sont en trop dans les grands centres et l'anémie de l'une a pour cause la pléthore numérique des autres.

C'est dans ces milieux dévoyés que la politique a multiplié ses ravages : Un clerc de notaire, renvoyé par son patron pour inconduite ou indélicatesse, se transforme rapidement en un orateur de carrefour et en pilier de réunions politiques.

Allez donc ensuite parler de devoirs à des gens de cette catégorie ? Nul plus qu'eux ne sait disserter sur de prétendus droits, notamment celui de bouleverser la société ! Allez donc leur enseigner la Liberté, dont l'une des premières manifestations serait l'observation de certains devoirs ? Vous serez conspué, car ces déclassés sont les pires ennemis de toute Liberté qui limiterait leur licence.

Et ce qu'il y a de pire, c'est que ce déclassement se produit aussi bien dans les classes moyennes que dans les humbles. Seulement dans celles-là l'ambition dominante est d'arriver à une situation politique, de diriger de près ou de loin les destinées du pays. C'est une véritable obsession.

Si le laboureur veut devenir notaire ou médecin, le moindre tabellion, le plus obscur docteur aspire à devenir député.

En regardant ce mouvement incessant on a la vision de l'échelle de Jacob ; le nombre de ceux qui descendent n'est pas moindre que celui de ceux qui s'élèvent.

« La grâce de Dieu qui a abandonné la royauté
» (dit Maxime du Camp) s'est donc transportée
» sur la politique ? On est homme d'Etat d'emblée,
» sans apprentissage, par le hasard des circons-
» tances et non par le résultat de son travail. Pour
» être cordonnier il faut savoir faire un soulier, mais

» on peut être homme politique sans même savoir
» ce qu'est une loi !

» On quitte sans sourciller la chaire du professeur, » la lancette du médecin, le pilon de l'apothicaire, » la robe de l'avocat, les factures du commission- » naire en vins, la truelle du maçon, la charrue du » laboureur, l'épaulette du sergent, la plume du » chroniqueur pour se mêler de diriger les destinées » d'un pays qui ne le demandait pas.....

» Cela est étrange et m'a toujours semblé une » cause de périls sérieux pour notre pays; car la » collectivité est heureuse lorsque l'individu se con- » tente de travailler à sa propre besogne (1). »

C'est bien le cas de répéter la parole de Gœthe disant à Eckermann : « Si chacun fait individuelle- » ment son devoir et dans la sphère d'action la plus » rapprochée agit avec loyauté et énergie, l'ensemble » de la société marchera bien. »

« En France (dit encore Maxime du Camp), chacun » paraît mépriser le métier qu'il fait et c'est là un » grand malheur. Honorer sa fonction, c'est la rendre » honorable et, très souvent, c'est se diminuer que » d'en sortir sous prétexte de s'élever (2). »

On ne saurait exprimer en meilleurs termes une vérité plus évidente; c'est la paraphrase élégante de ce dicton populaire : « A chacun son métier et le troupeau sera bien gardé. »

Dans cette étude très-incomplète, le lecteur a dû s'apercevoir que je mets toujours en scène le Gouvernement ou l'activité Gouvernementale. Cela peut

(1) Maxime du Camp, *Souvenirs de l'année 1848.*

(2) Id. id.

paraître étrange, car logiquement c'est de la Nation que devrait surgir la Liberté : le Gouvernement ne devrait avoir qu'à la recueillir des mains du Peuple et à l'approprier aux nécessités de l'organisation intérieure. Mais cette logique apparente n'existe pas dans le domaine des faits.

En France, et pour longtemps encore, le Gouvernement possédera la force d'impulsion et c'est à ce titre qu'il lui appartient de nous donner la Liberté (1).

Et comment le peut-il?

Je reconnais d'abord qu'en ce qui concerne la réorganisation des services administratifs dans un sens réellement libéral, c'est à l'initiative parlementaire qu'incombe la mission d'opérer cette réorganisation par une loi de décentralisation. Aussi, et pour qu'il n'y ait pas d'équivoque possible, j'entends par Gouvernement tous les éléments dont il se compose et qui embrassent aussi bien les Assemblées d'État que le Pouvoir exécutif.

Pour donner la Liberté, il faut que dans les actes, le Gouvernement recherche toujours l'application des principes qui sont la base de ce Gouvernement. D'Alembert, dans son analyse de l'*Esprit des Lois*, exprime ainsi cette pensée : « Les lois que le Législa- » teur donne doivent être conformes au principe de » chaque Gouvernement. »

S'il en est autrement, la Liberté ne peut être obtenue, car alors le Législateur établissant une confu-

(1) STUART MILL, le célèbre économiste anglais, a dit fort justement : « Le Gouvernement est à la fois une grande in- » fluence agissant sur l'esprit humain et un ensemble de » combinaisons organisées pour les affaires publiques. » (*Le Gouvernement représentatif*, pag. 43.)

sion de principes, est amené, en République par exemple, à emprunter des formules législatives aux Monarchies, alors que l'état de République est absolument différent de celui créé par le Pouvoir personnel. Malheureusement, en France, nous pratiquons quotidiennement cet oubli des principes et c'est pourquoi la législation politique, administrative et judiciaire de la République n'est pas sensiblement différente de celle des Monarchies ou Empires qui l'ont précédée.

La manifestation la plus éclatante de la Liberté consiste bien également, comme l'a dit Montesquieu dans l'*Esprit des Lois*, « dans la sûreté où est le » citoyen à l'abri des lois, ou du moins dans l'opinion » de cette sûreté qui fait qu'un citoyen n'en craint » point un autre ».

Cette sécurité, il faut qu'on la retrouve non-seulement dans l'exercice de la justice au sens juridique du mot, mais encore dans tous les actes de la vie politique aussi bien que de la vie civile, car sans la sécurité il n'y a pas d'indépendance et l'état de crainte est l'indice le plus sûr de l'état d'oppression.

Il serait téméraire d'affirmer que la sécurité existe de nos jours pour chaque citoyen. Il en sera ainsi tant que la politique sera intimement liée aux personnes et que les principes seront sacrifiés aux intérêts et aux influences ; tant que la marche des événements intérieurs ou parlementaires ne sera dirigée que par des amours-propres.

Tel député qui a triomphé de telle opposition désire avant tout que le concours qu'il apporte au ministère ait pour conséquence la facilité d'obtenir du cabinet l'accomplissement de telles mesures qui, en dehors de leur signification politique, doivent avoir pour effet direct d'affirmer l'importance et la faveur de ce député, et ce au bénéfice de ses clients électoraux.

Le soin que nos mandataires législatifs apportent à favoriser les électeurs influents, généralement égoïstes et prétentieux, empêche la sincérité des votes de ces mandataires et l'accomplissement des réformes les plus utiles.

Que dire aussi de ces votes collectifs souvent inconscients imposés par une discipline mal entendue? C'est assurément un usage contraire à toute équité et qui a pour conséquence notamment de supprimer la responsabilité des députés qui peuvent se retrancher derrière cette collectivité pour expliquer de perpétuelles défaillances et de continuelles contradictions avec les engagements pris devant leurs commettants !

En somme, ce sont nos mœurs politiques qu'il faut modifier profondément pour arriver à la Liberté. C'est l'état de paix qu'il faut faire succéder à l'état de guerre. C'est la réconciliation qu'il faut prêcher au lieu des représailles et la fraternité qu'il faut pratiquer par le même amour du bien commun.

A cette heure, l'effacement des partis dits dynastiques facilite singulièrement le rapprochement des hommes loyaux et sincères. Si la République veut être le gouvernement de tous les honnêtes, nul autre ne peut plus qu'elle-même nous faire avancer dans la voie des réformes humanitaires et libérales. Son impersonnalité la soustrait aux compétitions unipersonnelles ; son élasticité lui permet d'embrasser un vaste champ et d'englober toutes les aspirations saines ; son succès définitif dépend de sa sagesse et de sa modération.

« Les premiers hommes, dit Proud'hon dans ses » *Confessions d'un Révolutionnaire,* qui s'assemblèrent » au bord des forêts pour fonder la Société ne dirent » point, comme le feraient les actionnaires d'une » commandite, organisons nos droits et nos devoirs, » de manière à produire pour chacun et pour tous la » plus grande somme de bien-être et amener en » même temps notre égalité et notre indépendance. » Tant de raison était hors de la portée des premiers » hommes et en contradiction avec la théorie des » révélateurs. On se tint un tout autre langage : » Constituons au milieu de nous une autorité qui nous » surveille et nous gouverne, *Constituamus super nos* » *regem !* »

Aujourd'hui que nous sommes en possession de la civilisation, de l'instruction, que les lois de la morale ont pris un caractère de certitude qu'elles n'avaient point aux premiers âges et même sous les régimes autoritaires, nous devons nous unir pour constituer au milieu et au-dessus de nous la Liberté : « *Constituamus super nos Libertatem !* »

Par elle l'Autorité ne sera plus tyrannie, mais protection et sauvegarde.

Par elle le Gouvernement sera l'incarnation directe de la pensée nationale et le Pays ne fera plus qu'un avec lui.

Par elle les partis, s'il en existe encore, se réduiront à des nuances d'opinions et ne seront plus des forteresses hérissées de machines de guerre prêtes à vomir la discorde et la haine parmi les citoyens.

Je le répète en terminant : l'heure est propice à cette révolution pacifique dans les esprits.

Nous éprouvons en ce moment la lassitude qui suit les grands efforts, les nerfs sont détendus, les muscles au repos, et si les chefs des bataillons populaires s'obstinent encore dans des discussions passionnées, il y a dans le peuple un grand besoin de repos, un grand désir de réconciliation et de concorde.

Puissent nos nouveaux législateurs entendre la voix du Pays et en suivre les enseignements ! Puissent-ils, faisant taire leurs rancunes, leurs vanités, leurs jalousies, prêter l'oreille aux lamentations de la France ! S'il en est ainsi, ils auront bientôt installé dans notre Patrie si aimée, mais si longtemps éprouvée, le règne de la Justice et de la Liberté !

BOURGES. — IMPRIMERIE H. SIRE.

www.ingramcontent.com/pod-product-compliance
Ingram Content Group UK Ltd.
Pitfield, Milton Keynes, MK11 3LW, UK
UKHW021021200726
13857UKWH00004B/1508

9 782011 753908